Fifty
Squares
of Grey

THE
SPANKING-NEW
SUDOKU VARIANT

Brainfreeze Puzzles,
Philip Riley & Laura Taalman

PUZZLE
WRIGHT
PRESS

New York

PUZZLE
WRIGHT
PRESS

New York

An Imprint of Sterling Publishing
387 Park Avenue South
New York, NY 10016

ISBN 978-1-4549-0988-0

Distributed in Canada by Sterling Publishing
℅ Canadian Manda Group, 165 Dufferin Street
Toronto, Ontario, Canada M6K 3H6
Distributed in the United Kingdom by GMC Distribution Services
Castle Place, 166 High Street, Lewes, East Sussex, England BN7 1XU
Distributed in Australia by Capricorn Link (Australia) Pty. Ltd.
P.O. Box 704, Windsor, NSW 2756, Australia

For information about custom editions, special sales, and premium
and corporate purchases, please contact Sterling Special Sales
at 800-805-5489 or specialsales@sterlingpublishing.com.

Manufactured in the United States of America

2   4   6   8   10   9   7   5   3   1

www.puzzlewright.com

Contents

Introduction

This is a book of sudoku variants, perfect for anyone who finds regular sudoku just a little too ... *vanilla* for their tastes. The first thing you'll notice about these puzzles is that they're a little more imposing than usual, featuring not 9×9 but 10×10 grids, which contain the digits 0–9. The regions consist of ten 2×5 rectangles and 50 grey squares that determine five additional regions. This sudoku variant's rules, which you must obey without question, are:

- Each row and column must contain the digits 0–9 exactly once
- Each 2×5 rectangle must contain 0–9 exactly once
- Each grey shaded region must contain 0–9 exactly once

The shaded squares that make up the grey regions may be connected orthogonally or diagonally, and no regions touch any other regions at all. The demanding part is figuring out how to take full advantage of the grey regions to help you solve. If you find that these puzzles really have you whipped, remember the strict rule that each grey region has each digit in it only one time.

There are 75 puzzles in this book, 25 each of three increasing levels of difficulty, indicated by illustrations at the bottom of each page. The puzzles start out somewhat sadistic (accompanied by a necktie), become comparatively cruel (sporting a mask), and end up positively punishing (with handcuffs). Good luck!

—Philip Riley and Laura Taalman
Brainfreeze Puzzles

About the Authors

Philip Riley is a software developer at Rosetta Stone and Laura Taalman is a mathematics professor at James Madison University in Harrisonburg, Virginia, where they live with their 8-year-old son, Calvin, and their cat, Blue (who is actually grey).

Puzzle 1

5	1				9				
9					5	4			
				3		5	7		
			8	0			2	1	
4	8	0			7				
				6			4	9	1
	0	2			6	1			
		3	9		4				
			3	1					8
				8				3	7

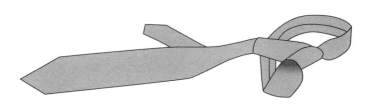

7

Puzzle 2

			8						6
1			7					5	0
8	7			2		6	4	9	
	5	6			1				
		4	2		7				
				7		5	0		
				9			3	8	
	1	8	0		4			2	7
2	3					0			4
6						8			

Puzzle 3

3	8						4	6	7
4				2	5	3			
2									
		9	1		8	0	2		
		0					5		
		7					9		
		1	7	8		4	6		
									5
			8	6	3				9
0	5	2						8	1

Puzzle 4

1			8		6	4			
				2	5				
				0	1				
4			9	7					3
	3	8	2				1	0	4
9	7	0				3	5	6	
5				2	0				8
				9	3				
				1	4				
			0	8		1			7

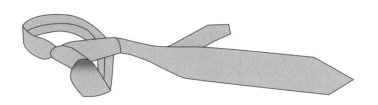

Puzzle 5

					3	2			
	9	1					6		
8		2	6						
4	1		3	0	5	8			
	6	3				5	7		
		4	5				8	0	
			8	3	0	6		1	5
						7	2		9
		5					1	6	
			9	1					

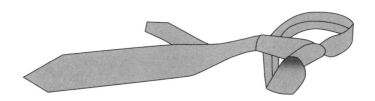

11

Puzzle 6

6						5	9		4
	7		9	8			3	2	
				5	3			0	
				2	4			7	
		1	8			0			
			2			3	7		
	3		6	9					
	2			1	0				
	8	6			4	7		9	
9		5	7						3

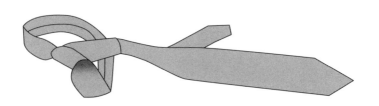

Puzzle 7

			2		1			
	8			4	6		3	
0	6			9		1		
9			4	1				8
		8	5				3	9
7		4				2	6	
5				0	8			6
		0		8			1	5
	2		9	4			7	
			0		9			

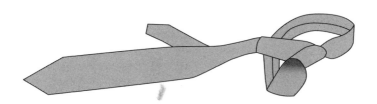

13

Puzzle 8

								9	2
6	7				5	1			0
7	5	9			1	0			
		3	0			7	5		
							8		
		4							
		0	4			9	7		
			8	7			3	4	6
8			2	6				5	1
4	3								

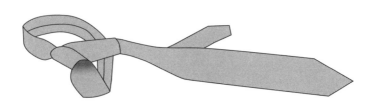

Puzzle 9

						6		7	
3			4	2		9			
				6		5			
		1	8	7		2		0	
5		7						3	4
4	0						9		2
	2		7		9	3	6		
			9		7				
			6		5	1			0
	8		0						

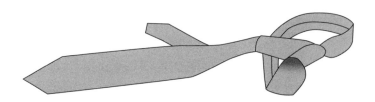

Puzzle 10

4	6		9	7				
			1	0		4		
					0			
9			8				1	6
3			2			6	7	4
	0	5	6			9		3
	1	4				8		2
			0					
			3		2	1		
					6	5		0	8

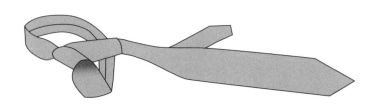

Puzzle 11

					1		8	
	7	4		9	2			
6			9					
4			7	3				6
	9	8		1	6		3	
0		3	2		8	5		
5			8	0			7	
				8			5	
		7	6		4	3		
	2		1					

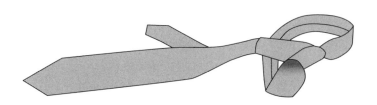

Puzzle 12

5			8	1				
0					5	8		
			7		0	3		
9			3				4	6
6			4			5	8	
	3	7				4		2
	8	1				0		6
			0	2		5		
			6	7				0
					4	2		7

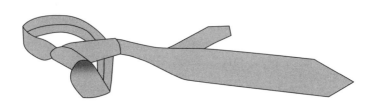

Puzzle 13

0		4			2				
	1				0	6			
8				1	3				
			4	2				9	
		3	0				9	6	
	5	7				8	0		
	8				9	1			
				7	6				3
			2	4				5	
				9			2		4

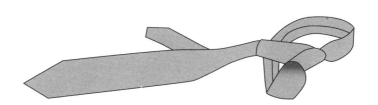

Puzzle 14

				2	3	4		5	
5						7			
				6					
0	7		3	9		6			
6						5	1		8
7		1	0						9
			8		1	9		7	3
					5				
			4						2
	2		9	7	4				

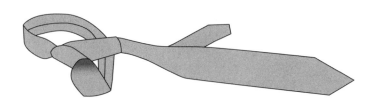

Puzzle 15

					6	1		8	0
		8		9	3				7
	6	9			4				
			7			5			2
	0			1			8		
		6			0			4	
2			9			4			
				6			3	9	
1				7	8		5		
4	5		8	0					

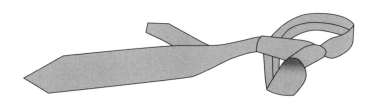

21

Puzzle 16

0						4		5	8
5		6	4	8					
		8		0					
7		3					6	0	1
					4		9		2
9		1		6					
2	7	0					5		4
					1		0		
					5	3	8		6
3	6		8						7

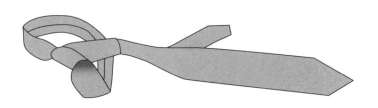

Puzzle 17

								3	
			4	9	7		6		0
6		5		8	1				
	0				6	2			
	7	3				5	2		
		6	9				7	8	
			1	4				0	
				0	3		9		7
8		0		2	5	7			
	6								

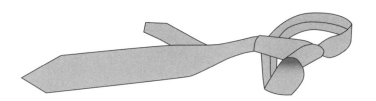

23

Puzzle 18

	4							1	
0	3							6	8
		1	5	0	8	6	2		
		8			5		1		
		9				2	3		
		6	3				4		
		4		7			9		
		3	8	1	6	7	5		
5	6							3	9
	1							0	

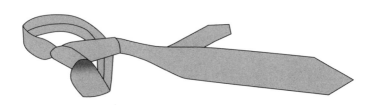

Puzzle 19

2				6	8				4
			9	7		6			
			0			3			
	1	8					0	9	
7				1				2	8
5	4				3				7
	6	5					2	3	
			2			5			
			7		9	0			
3				8	6				1

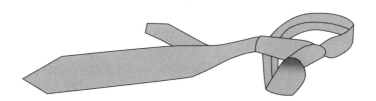

25

Puzzle 20

5	3						9		6
6				9					0
				2		8			4
	8		0			5			1
	9		6			0			
			5			2		7	
0			3			4		5	
1			4		0				
4					7				2
7		1						8	3

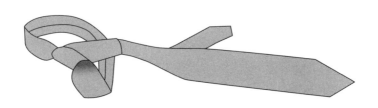

Puzzle 21

	7		3	1			8		5
			8						
				5	0	3	1		9
	9						7		
1			4			9	6		
		6	5			1			0
		2						3	
4		3	9	8	2				
						0			
5		4			9	7		6	

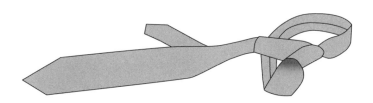

Puzzle 22

8				1	9				
0					5	8			
			7			4	0		
			4				3	2	
5			0					9	2
4	1					6			7
	5	7				0			
		9	6			3			
			1	2					6
				0	8				1

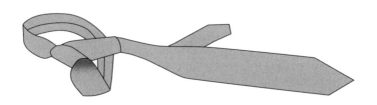

28

Puzzle 23

					5			
0	4	1	5		9	7	6	
			6	8				
					4	8		
	5	9	4			2	0	
		2	0			7	3	4
		1	5					
					2	0		
	6	8	9		7	1	5	3
			7					

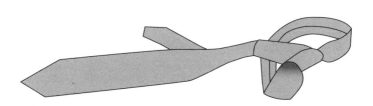

Puzzle 24

			8				6	5	1
			4						8
		5		4	9	7			2
						1			0
	7	6	0			3			
			2			8	0	7	
6			1						
9			5	3	6		1		
1						5			
2	0	4				6			

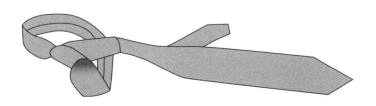

Puzzle 25

	7							4	3
9									
2			0	8	5				
		9	3		2	1	7		
	3	2					0		
		4					8	9	
		8	2	1		9	5		
			7	6	3				8
									5
4	0							1	

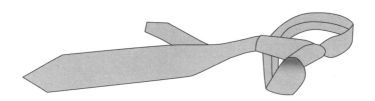

Puzzle 26

7				1	6	8	3		
				4					
			2	9	5	3			
8									
9	6	0				5	4		
		8	4				0	1	7
									2
			9	3	1	7			
				0					
		6	3	2	8				5

Puzzle 27

		4	9						7
3					9	2			
2					0	4			
							8	5	
	4	8			5		2	1	
	1	0		9			4	6	
	7	9							
			3	8					4
			1	0					5
6						8	9		

Puzzle 28

	5	7							0
3			9					4	2
0			5	6			3		
	1				8	6			
		2				0			
			6				7		
			2	7				8	
		0			9	7			6
5	2					3			8
6							4	5	

Puzzle 29

	7	0		8	2				
1	9					6			
3				0			5		
			2	6				8	
		9	1						5
8						9	4		
	2			8	1				
		6		0					2
			0					6	9
				7	5		0	4	

Puzzle 30

7	1		2					
0	4				1			
				0	6	9		
8							2		
		5					1	8	
	6	4					7		
		6							5
			7	9	2				
				4				2	9
						8		3	6

Puzzle 31

						7		9	2
	7				5	3			8
2	6	3				8			
		9	0	8					
							1		4
8		0							
					2	4	0		
			4				5	7	6
5			6	7				3	
1	8		9						

Puzzle 32

					0	8	5		9
		0		8	2				
	2			6	7				3
						4			1
	1	6					3	7	2
3	5	7					4	0	
7			2						
9				0	8			2	
			3	4		8			
6		4	8	5					

Puzzle 33

						7	5	9	
	2	5	0			3			
	3				4				
				2	8	0			1
					9			4	7
6	1			9					
2			7	8	1				
				4				6	
			3			9	1	8	
	9	6	5						

39

Puzzle 34

		9							7
1		8	4					2	3
2	9		7			8		0	
	3				1	9			
					6				
				9					
			1	3				8	
	8		5			0		1	2
6	0					3	8		1
7						5			

Puzzle 35

					5				2
		9	4	1					
	7	3			6				
	9				7	3			
	2			6		7	0		3
8		0	3		1			2	
			2	8				6	
				3			1	7	
					9	8	5		
6				9					

Puzzle 36

			5		8	4		
	6				7	5	2	
4	0							
8			7	3	0			1
1			4		0			6
7				2	5	3		9
							1	7
	5	3	9				8	
			2	8	6			

Puzzle 37

			1	7			5		3
								7	
			4	8	3				9
		5				7			
	5		9			4			6
0			3			5		1	
			0				6		
1				6	2	0			
	7								
4		8			9	2			

43

Puzzle 38

								1	7
		3						5	8
2	6	5			9				0
			8	1	5				
						3	1		
		1	9						
			4	3	7				
8				6			2	3	4
9	4						8		
7	3								

Puzzle 39

				1	2	4			
6		3					5		
5		7	1				0		
3			0	4		2	7		
	0					8			
			7					3	
		0	9		5	6			3
		5				7	4		0
		1					8		9
			8	9	3				

45

Puzzle 40

	8				0	3	9		4
3				4	8				
			5	2					
	6	0	1			7			2
6	5								7
9								5	0
1			4			0	2	6	
					7	4			
				3	9				1
2		4	9	1				3	

46

Puzzle 41

					0			
	2		6	5			8	4
			4	8			7	2
1	7							
		2	3		6	9		
		6	7		3	0		
							1	6
	8	1		9	4			
	4	8		0	7		3	
			0					

Puzzle 42

						5	0	9	
		5	0		2	8			
	4				1				
	1				4				
	2	0				3	6		9
1		9	8				5	0	
			2					4	
				0				6	
		4	1		9	2			
	8	3	5						

48

Puzzle 43

	0							5	
8	3							9	4
	1	7	4	6			9		
		8			6	7			
		0				4			
			3				2		
			2	3			8		
		6			0	3	1	7	
7	4							1	0
	9							8	

Puzzle 44

					1	0	5		7
		7	4		9				
	8	5							3
				1	2	8			6
			0			7		1	2
2	6		1			4			
9			5	8	3				
6							9	8	
				3		5	4		
1		4	7	0					

50

Puzzle 45

	6		3	1			9		
			8						
					9	0			1
	0					8			2
4	7		0				6		
		3				9		5	7
5		7						6	
3			1	6					
						8			
		0			7	2		9	

Puzzle 46

					2				
	8				4		5	7	
	2				6		3		
	6	3	4	7	1				0
									4
0									
4				8	5	6	9	2	
		2		9				3	
	9	7		3				0	
				1					

52

Puzzle 47

6				1				4
					0	3		
			0		7	5		
	5	3				6	8	
	9	4		3				2
2					1		9	0
		8	9				7	2
			2	6		9		
			3	5				
1					8			5

Puzzle 48

	8	6	5						0
4					6				
2						7	8		
			7	0			5		
		7			1		6	9	
	4	1		9			3		
		5			2	8			
		2	8						9
				6					1
1						4	7	6	

Puzzle 49

						8	9		2
			3	6	0				
	5								1
	1			4		7			5
	9		4			0			
			5			6		1	
4			1		8			7	
7								6	
				8	9	3			
5		3	6						

55

Puzzle 50

9	1						4	2	8
	2		4	5			6		
				1					
		4			0	6		5	
		2	5					0	
	7					2	9		
	8		7	3			0		
					9				
		7			2	0		3	
0	3	1						4	6

Puzzle 51

					8			2	9
		2		6	4				0
				4	3				
	9					7			
	3	5		8			2	7	
	0	4			5		8	6	
			3					8	
				1	7				
8				7	2		3		
4	6			0					

Puzzle 52

1						6		2	
3		7		5					
				2	1		9		0
		6			5				4
		3			8		4		
		4		0			7		
2				3			6		
4		9		6	7				
					4		2		5
	0		5						3

Puzzle 53

				8					
			1	3	5				
				9		7			
0	2					8			
4	1	0				9	5	6	
	9	5	2				0	7	3
			8					4	5
			9		7				
				1	3	6			
					0				

Puzzle 54

0				5	9	2			
					0	1			
7				2		8			
1	4	6	9				7		
	5						2		9
8		9						3	
		8			7	4	5	0
			0		8				3
			6	1					
			5	3	6				1

Puzzle 55

2				8	7				
				3	9				
				6	2		1		
			5	7					
1	4	7	9				5	2	8
8	3	6				7	9	0	4
					6	1			
		5		1	0				
				4	5				
				2	8				7

Puzzle 56

						4			5
	0					7			1
4	7	6		3		1			
				0		3	9		
		2					1		
		8					7		
		3	4		7				
			1		5		8	3	4
3			5					7	
2			6						

Puzzle 57

				1	0	6			
7						9	2		
2									
			4	5	8	3			
	7	6					3	2	
	1	4					5	6	
			7	0	2	1			
									0
		0	1						4
			6	8	3				

63

Puzzle 58

		4	0		2				
	1								
5				7		8	6		
2			8	6			3		0
		1	5						
						4	2		
4		5			1	3			9
		8	9		7				5
								4	
				3		7	5		

Puzzle 59

	6		2	5	0				
					8	4			
						7	5		
7			5				3	9	
9								2	7
2	1								4
	5	0				6			3
		7	6						
			1	2					
				4	1	2		0	

Puzzle 60

3	8					2	7		
	0	5		4			1	6	
		6			0			9	
					4				
	4				9				
			7					4	
			1						
	5			2			3		
	1	4			9		6	8	
		8	0					3	7

Puzzle 61

3	2						4		
8					3	9			
						6			9
	5	9	4						2
			2			8			3
1			6			0			
0						4	3	5	
7			8						
			5	2					6
		6						1	0

67

Puzzle 62

5			1		6				
9					8	2			
			9						
0			4			7		9	
			6					2	3
8	1					0			
	6		5			4			1
						6			
			2	1					6
				3		8			0

68

Puzzle 63

	6				4			
2	4	9			3			
	9				0		7	
			7				1	2	6
		0					2		
		0							
3	0	6				4			
		5		9				6	
				1			8	3	0
				2				5	

Puzzle 64

	0	5			7				
2	1								
6					9	2	1		
			3	9			8		
		7	1				0		5
9		6				1	7		
		3			2	4			
		4	2	6					3
								7	2
				5			6	4	

Puzzle 65

			5	7				0	3
			2						7
		9	3		6	5			
	5	0				3			
	9					2		4	6
2	4		6					9	
			7				6	5	
			9	5		7	4		
1						8			
3	7				0	1			

71

Puzzle 66

6				5					1
			7	9		5			
				2		0			
	3	0	1			2		9	
				6			2	4	0
1	4	8			9				
	0		6			1	4	8	
			5		0				
			4		2	9			
2					7				3

Puzzle 67

	6			3	7				0
			7						
			2	4			1		
	5						8		9
2			4			8			7
1			0			6			5
8		9						1	
		4			5	7			
						0			
0				1	4			6	

Puzzle 68

						0			
	5	2	8			3	9	6	
								2	
2	9	6	7	4		8			
	8					9			
			6					1	
			2		9	7	6	3	8
	6								
	3	9	4			2	0	8	
			0						

Puzzle 69

2				3		7			
		6	8	1					
		4							6
							5	2	8
					3	0	9		
		9	7	8					
9	8	2							
4							6		
					8	2	0		
			1		9				4

Puzzle 70

	0				7				
			9		0				
			7		6		8		
0			8				4		
1			4				5	7	3
6	2	5				1			0
		7				4			6
		8		4		0			
				2		8			
				3				2	

Puzzle 71

						5	3		9
					1	7			
8				2	0				
		4	3				1		
	3	6				4			5
2			7				8	0	
		9				2	7		
				3	6				1
			4	5					
6		7	8						

Puzzle 72

		0	3		8	5			
			6		4				
							3		
8			4						1
9		4	0				2		8
5		1				6	4		7
6						2			5
		2							
			3			7			
			5	0		4	8		

Puzzle 73

	1						9		8
2				7		0			
0			5	9					
			8				5		
	6						3	8	
	4	8						2	
		6				3			
					5	2			0
			0		9				3
7		9						6	

Puzzle 74

								5	1
			6	9	0	7		3	4
9	6			5					
	2					9			
					8	3			
		9	3						
			0					2	
				6			4	5
3	0		2	8	5	4			
6	9								

Puzzle 75

6	1							7	8
5	9			4	0			2	3
		3		7	2				
					3	0			
					9	5			
		2	8						
		7	4						
				5	9		4		
7	2			8	6			4	1
0	3							9	5

Answers

Puzzle 1

5	1	6	7	4	9	3	8	2	0
9	3	8	0	2	5	4	1	7	6
2	9	1	6	3	8	5	7	0	4
7	5	4	8	0	3	6	2	1	9
4	8	0	1	9	7	2	3	6	5
3	2	7	5	6	0	8	4	9	1
8	0	2	4	7	6	1	9	5	3
1	6	3	9	5	4	7	0	8	2
0	7	5	3	1	2	9	6	4	8
6	4	9	2	8	1	0	5	3	7

Puzzle 2

4	9	5	8	0	3	7	2	1	6
1	2	3	7	6	9	4	8	5	0
8	7	0	1	2	5	6	4	9	3
9	5	6	3	4	1	2	7	0	8
0	8	4	2	5	7	3	9	6	1
3	6	1	9	7	8	5	0	4	2
7	4	2	6	9	0	1	3	8	5
5	1	8	0	3	4	9	6	2	7
2	3	9	5	8	6	0	1	7	4
6	0	7	4	1	2	8	5	3	9

Puzzle 3

3	8	5	0	1	2	9	4	6	7
4	7	6	9	2	5	3	1	0	8
2	4	8	5	0	1	7	3	9	6
6	3	9	1	7	8	0	2	5	4
1	9	0	4	3	6	8	5	7	2
8	6	7	2	5	0	1	9	4	3
5	2	1	7	8	9	4	6	3	0
9	0	3	6	4	7	2	8	1	5
7	1	4	8	6	3	5	0	2	9
0	5	2	3	9	4	6	7	8	1

Puzzle 4

1	0	5	8	3	6	4	2	7	9
7	4	9	6	2	5	8	0	3	1
8	2	3	5	0	1	7	9	4	6
4	6	1	9	7	0	2	8	5	3
6	3	8	2	5	7	9	1	0	4
9	7	0	1	4	8	3	5	6	2
5	1	7	3	6	2	0	4	9	8
0	8	2	4	9	3	6	7	1	5
2	9	6	7	1	4	5	3	8	0
3	5	4	0	8	9	1	6	2	7

Puzzle 5

6	0	8	4	7	3	2	5	9	1
3	9	1	2	5	7	4	6	8	0
8	5	2	6	9	1	3	0	7	4
4	1	7	3	0	5	8	9	2	6
1	6	3	0	8	9	5	7	4	2
9	7	4	5	2	6	1	8	0	3
7	2	9	8	3	0	6	4	1	5
5	4	0	1	6	8	7	2	3	9
0	3	5	7	4	2	9	1	6	8
2	8	6	9	1	4	0	3	5	7

Puzzle 6

6	1	3	0	2	7	5	9	8	4
5	7	4	9	8	6	1	3	2	0
7	6	2	4	5	3	9	8	0	1
1	9	8	3	0	2	4	5	7	6
3	5	1	8	7	9	0	4	6	2
0	4	9	2	6	1	3	7	5	8
8	3	0	6	9	5	2	1	4	7
4	2	7	5	1	0	8	6	3	9
2	8	6	1	3	4	7	0	9	5
9	0	5	7	4	8	6	2	1	3

Puzzle 7

4	3	6	2	0	5	1	8	9	7
1	8	9	7	5	4	6	0	3	2
0	6	2	8	7	9	5	1	4	3
9	5	3	4	1	2	0	7	6	8
6	1	8	5	2	7	4	3	0	9
7	0	4	3	9	8	2	6	5	1
5	9	7	1	3	0	8	4	2	6
2	4	0	6	8	3	7	9	1	5
8	2	1	9	4	6	3	5	7	0
3	7	5	0	6	1	9	2	8	4

Puzzle 8

0	1	8	5	4	7	3	6	9	2
6	7	2	3	9	5	1	4	8	0
7	5	9	6	8	1	0	2	3	4
1	4	3	0	2	8	7	5	6	9
5	9	6	1	0	4	2	8	7	3
2	8	4	7	3	9	6	1	0	5
3	6	0	4	5	2	9	7	1	8
9	2	1	8	7	0	5	3	4	6
8	0	7	2	6	3	4	9	5	1
4	3	5	9	1	6	8	0	2	7

Puzzle 9

8	1	9	5	0	4	6	2	7	3
3	7	6	4	2	8	9	0	1	5
0	4	2	3	6	1	5	8	9	7
9	5	1	8	7	3	2	4	0	6
5	6	7	2	9	0	8	1	3	4
4	0	3	1	8	6	7	9	5	2
1	2	0	7	5	9	3	6	4	8
6	3	8	9	4	7	0	5	2	1
2	9	4	6	3	5	1	7	8	0
7	8	5	0	1	2	4	3	6	9

Puzzle 10

4	6	2	9	7	8	3	5	1	0
8	5	3	1	0	7	4	2	9	6
6	2	7	5	1	3	0	9	8	4
9	4	0	8	3	5	2	1	6	7
3	9	1	2	8	0	6	7	4	5
7	0	5	6	4	1	9	8	2	3
5	1	4	7	6	9	8	0	3	2
2	3	8	0	9	4	7	6	5	1
0	8	6	3	5	2	1	4	7	9
1	7	9	4	2	6	5	3	0	8

Puzzle 11

2	9	6	0	5	4	1	7	8	3
8	3	7	4	1	9	2	0	6	5
3	6	0	2	9	5	7	4	1	8
1	4	8	5	7	3	0	9	2	6
7	5	9	8	4	1	6	2	3	0
6	0	1	3	2	7	8	5	4	9
5	1	2	9	8	0	3	6	7	4
4	7	3	6	0	8	9	1	5	2
0	8	5	7	6	2	4	3	9	1
9	2	4	1	3	6	5	8	0	7

Puzzle 12

5	7	3	8	1	9	6	0	2	4
0	4	9	2	6	5	8	7	3	1
2	5	6	7	4	0	3	1	9	8
9	1	8	3	0	2	7	4	6	5
6	0	2	4	9	7	1	5	8	3
1	3	7	5	8	6	4	9	0	2
7	8	1	9	5	3	0	2	4	6
3	6	4	0	2	1	5	8	7	9
4	2	5	6	7	8	9	3	1	0
8	9	0	1	3	4	2	6	5	7

Puzzle 13

0	9	4	6	3	2	5	1	7	8
7	1	2	8	5	0	6	3	4	9
8	6	9	7	1	3	4	5	0	2
5	3	0	4	2	1	7	8	9	6
1	4	3	0	8	5	2	9	6	7
2	5	7	9	6	4	8	0	3	1
4	8	6	3	0	9	1	7	2	5
9	2	5	1	7	6	0	4	8	3
3	7	1	2	4	8	9	6	5	0
6	0	8	5	9	7	3	2	1	4

Puzzle 14

9	0	6	7	2	3	4	8	5	1
5	4	3	1	8	2	7	9	6	0
2	1	8	5	6	9	0	3	4	7
0	7	4	3	9	8	6	2	1	5
6	3	9	2	4	7	5	1	0	8
7	8	1	0	5	6	3	4	2	9
4	5	2	8	0	1	9	6	7	3
3	9	7	6	1	5	2	0	8	4
1	6	5	4	3	0	8	7	9	2
8	2	0	9	7	4	1	5	3	6

Puzzle 15

3	7	5	4	2	6	1	9	8	0
6	1	8	0	9	3	2	4	5	7
0	6	9	2	5	4	8	7	3	1
8	3	1	7	4	9	5	0	6	2
9	0	4	3	1	5	7	8	2	6
7	2	6	5	8	0	9	1	4	3
2	8	0	9	3	7	4	6	1	5
5	4	7	1	6	2	0	3	9	8
1	9	2	6	7	8	3	5	0	4
4	5	3	8	0	1	6	2	7	9

Puzzle 16

0	3	9	7	2	6	4	1	5	8
5	1	6	4	8	7	9	2	3	0
6	2	8	1	0	3	5	7	4	9
7	5	3	9	4	2	8	6	0	1
8	0	7	5	3	4	1	9	6	2
9	4	1	2	6	0	7	3	8	5
2	7	0	3	1	8	6	5	9	4
4	8	5	6	9	1	2	0	7	3
1	9	4	0	7	5	3	8	2	6
3	6	2	8	5	9	0	4	1	7

Puzzle 17

5	1	7	0	6	2	9	4	3	8
3	8	2	4	9	7	1	6	5	0
6	9	5	2	8	1	0	3	7	4
1	0	4	7	3	6	2	8	9	5
0	7	3	8	1	9	5	2	4	6
4	2	6	9	5	0	3	7	8	1
7	3	9	1	4	8	6	5	0	2
2	5	8	6	0	3	4	9	1	7
8	4	0	3	2	5	7	1	6	9
9	6	1	5	7	4	8	0	2	3

Puzzle 18

7	4	2	6	8	9	3	0	1	5
0	3	5	1	9	2	4	7	6	8
3	9	1	5	0	8	6	2	7	4
2	7	8	4	6	5	0	1	9	3
4	0	9	7	5	1	2	3	8	6
1	8	6	3	2	0	9	4	5	7
6	5	4	0	7	3	8	9	2	1
9	2	3	8	1	6	7	5	4	0
5	6	0	2	4	7	1	8	3	9
8	1	7	9	3	4	5	6	0	2

Puzzle 19

2	5	1	3	6	8	9	7	0	4
0	8	4	9	7	2	6	1	5	3
9	7	2	0	5	1	3	8	4	6
6	1	8	4	3	5	7	0	9	2
7	9	3	6	1	0	4	5	2	8
5	4	0	8	2	3	1	9	6	7
4	6	5	1	9	7	8	2	3	0
8	3	7	2	0	4	5	6	1	9
1	2	6	7	4	9	0	3	8	5
3	0	9	5	8	6	2	4	7	1

Puzzle 20

5	3	0	8	1	4	7	9	2	6
6	4	2	7	9	8	3	5	1	0
9	6	5	1	2	3	8	7	0	4
3	8	7	0	4	2	5	6	9	1
2	9	3	6	7	1	0	8	4	5
8	1	4	5	0	6	2	3	7	9
0	2	6	3	8	9	4	1	5	7
1	7	9	4	5	0	6	2	3	8
4	5	8	9	3	7	1	0	6	2
7	0	1	2	6	5	9	4	8	3

Puzzle 21

2	7	9	3	1	6	4	8	0	5
0	4	5	8	6	7	2	3	9	1
8	6	7	2	5	0	3	1	4	9
3	9	1	0	4	5	6	7	8	2
1	8	0	4	2	3	9	6	5	7
7	3	6	5	9	8	1	4	2	0
6	5	2	7	0	1	8	9	3	4
4	1	3	9	8	2	5	0	7	6
9	2	8	6	7	4	0	5	1	3
5	0	4	1	3	9	7	2	6	8

Puzzle 22

8	6	5	3	1	9	2	4	7	0
0	9	4	2	7	5	8	6	1	3
3	2	1	7	9	6	4	0	5	8
6	8	0	4	5	1	7	3	2	9
5	7	3	0	6	4	1	8	9	2
4	1	2	9	8	0	6	5	3	7
1	5	7	8	3	2	0	9	6	4
2	0	9	6	4	7	3	1	8	5
9	4	8	1	2	3	5	7	0	6
7	3	6	5	0	8	9	2	4	1

Puzzle 23

8	9	7	3	6	1	5	4	2	0
2	0	4	1	5	8	9	7	6	3
5	4	0	6	8	9	3	2	1	7
7	1	3	2	9	0	4	8	5	6
3	5	9	4	7	6	2	0	8	1
6	8	2	0	1	5	7	3	4	9
0	7	1	5	2	3	8	6	9	4
9	3	6	8	4	2	0	1	7	5
4	6	8	9	0	7	1	5	3	2
1	2	5	7	3	4	6	9	0	8

Puzzle 24

7	3	9	8	0	2	4	6	5	1
5	6	2	4	1	0	9	7	3	8
0	1	5	3	4	9	7	8	6	2
8	9	7	6	2	5	1	3	4	0
4	7	6	0	8	1	3	5	2	9
3	5	1	2	9	4	8	0	7	6
6	2	8	1	7	3	0	4	9	5
9	4	0	5	3	6	2	1	8	7
1	8	3	9	6	7	5	2	0	4
2	0	4	7	5	8	6	9	1	3

Puzzle 25

1	7	0	5	2	9	8	6	4	3
9	8	3	6	4	1	0	2	5	7
2	1	7	0	8	5	6	4	3	9
5	4	9	3	6	2	1	7	8	0
6	3	2	8	9	4	5	0	7	1
7	5	4	1	0	3	2	8	9	6
3	6	8	2	1	7	9	5	0	4
0	9	5	4	7	6	3	1	2	8
8	2	1	7	3	0	4	9	6	5
4	0	6	9	5	8	7	3	1	2

Puzzle 26

7	2	4	0	1	6	8	3	5	9
3	9	5	8	6	4	1	2	7	0
0	1	7	2	9	5	3	8	4	6
8	5	3	6	4	0	2	7	9	1
9	6	0	1	7	2	5	4	3	8
2	3	8	4	5	9	6	0	1	7
5	4	1	7	8	3	0	9	6	2
6	0	2	9	3	1	7	5	8	4
1	8	9	5	0	7	4	6	2	3
4	7	6	3	2	8	9	1	0	5

Puzzle 27

8	5	4	9	2	6	1	0	3	7
3	0	1	7	6	9	2	5	4	8
2	9	5	8	1	0	4	3	7	6
4	3	6	0	7	1	9	8	5	2
7	4	8	6	3	5	0	2	1	9
5	1	0	2	9	8	7	4	6	3
1	7	9	5	4	2	3	6	8	0
0	6	2	3	8	7	5	1	9	4
9	8	3	1	0	4	6	7	2	5
6	2	7	4	5	3	8	9	0	1

Puzzle 28

4	5	7	8	2	3	9	6	1	0
3	6	1	9	0	7	8	5	4	2
0	7	8	5	6	4	2	3	9	1
2	1	9	3	4	8	6	0	7	5
7	4	2	1	9	5	0	8	6	3
8	0	5	6	3	1	4	7	2	9
9	3	6	2	7	0	5	1	8	4
1	8	0	4	5	9	7	2	3	6
5	2	4	7	1	6	3	9	0	8
6	9	3	0	8	2	1	4	5	7

Puzzle 29

4	7	0	6	8	2	5	1	9	3
1	9	2	3	5	4	6	7	0	8
3	8	1	4	0	9	7	5	2	6
9	5	7	2	6	1	0	3	8	4
6	0	9	1	4	3	8	2	7	5
8	3	5	7	2	6	9	4	1	0
0	2	4	5	9	8	1	6	3	7
7	1	6	8	3	0	4	9	5	2
5	4	3	0	1	7	2	8	6	9
2	6	8	9	7	5	3	0	4	1

Puzzle 30

7	1	9	2	6	8	5	0	4	3
0	4	3	5	8	1	2	9	6	7
5	2	7	4	0	6	9	3	1	8
8	9	1	6	3	5	4	2	7	0
2	0	5	9	7	3	6	1	8	4
3	6	4	8	1	9	0	7	5	2
1	3	6	0	2	4	7	8	9	5
4	5	8	7	9	2	3	6	0	1
6	8	0	3	4	7	1	5	2	9
9	7	2	1	5	0	8	4	3	6

Puzzle 31

3	4	1	8	5	0	7	6	9	2
0	7	6	2	9	5	3	4	1	8
2	6	3	7	1	4	8	9	0	5
4	5	9	0	8	1	6	3	2	7
6	9	7	3	2	8	0	1	5	4
8	1	0	5	4	7	9	2	6	3
7	3	5	1	6	2	4	0	8	9
9	2	8	4	0	3	1	5	7	6
5	0	4	6	7	9	2	8	3	1
1	8	2	9	3	6	5	7	4	0

Puzzle 32

1	6	2	3	7	0	8	5	4	9
5	9	0	4	8	2	1	7	3	6
4	2	1	5	6	7	9	0	8	3
0	3	8	7	9	6	4	2	5	1
8	1	6	0	4	9	5	3	7	2
3	5	7	9	2	1	6	4	0	8
7	8	3	2	1	5	0	6	9	4
9	4	5	6	0	8	3	1	2	7
2	0	9	1	3	4	7	8	6	5
6	7	4	8	5	3	2	9	1	0

Puzzle 33

3	8	4	1	6	2	7	5	9	0
9	2	5	0	7	6	3	8	1	4
0	3	1	8	5	4	6	9	7	2
7	4	9	6	2	8	0	3	5	1
5	0	8	2	3	9	1	6	4	7
6	1	7	4	9	0	8	2	3	5
2	6	3	7	8	1	5	4	0	9
1	5	0	9	4	3	2	7	6	8
4	7	2	3	0	5	9	1	8	6
8	9	6	5	1	7	4	0	2	3

Puzzle 34

0	6	9	3	2	8	1	4	5	7
1	5	8	4	7	9	6	0	2	3
2	9	1	7	4	3	8	6	0	5
8	3	5	6	0	1	9	2	7	4
3	7	4	2	8	6	5	1	9	0
5	1	6	0	9	2	4	7	3	8
4	2	0	1	3	5	7	9	8	6
9	8	7	5	6	4	0	3	1	2
6	0	2	9	5	7	3	8	4	1
7	4	3	8	1	0	2	5	6	9

Puzzle 35

3	8	7	6	0	5	1	4	9	2
2	5	9	4	1	8	6	7	3	0
4	7	3	8	5	6	9	2	0	1
1	9	6	0	2	7	3	8	5	4
9	2	5	1	6	4	7	0	8	3
8	4	0	3	7	1	5	6	2	9
7	0	1	2	8	3	4	9	6	5
5	6	4	9	3	2	0	1	7	8
0	3	2	7	4	9	8	5	1	6
6	1	8	5	9	0	2	3	4	7

Puzzle 36

2	7	9	5	0	8	4	1	6	3
3	6	8	1	4	9	7	5	2	0
4	0	1	6	5	3	9	8	7	2
8	9	2	7	3	0	5	6	4	1
9	8	0	4	7	2	1	3	5	6
1	2	5	3	6	4	0	7	9	8
7	1	6	8	2	5	3	4	0	9
5	3	4	0	9	6	8	2	1	7
6	5	3	9	1	7	2	0	8	4
0	4	7	2	8	1	6	9	3	5

Puzzle 37

6	0	9	1	7	4	8	5	2	3
5	4	2	8	3	6	9	1	7	0
7	1	0	4	8	3	6	2	5	9
3	2	5	6	9	1	7	8	0	4
8	5	1	9	2	0	4	7	3	6
0	6	7	3	4	8	5	9	1	2
2	9	4	0	5	7	3	6	8	1
1	8	3	7	6	2	0	4	9	5
9	7	6	2	0	5	1	3	4	8
4	3	8	5	1	9	2	0	6	7

Puzzle 38

0	5	4	8	9	3	2	6	1	7
1	7	3	6	2	4	0	9	5	8
2	6	5	1	7	9	8	3	4	0
4	0	9	3	8	1	5	7	2	6
6	2	7	5	4	8	3	1	0	9
3	8	1	9	0	2	7	4	6	5
5	9	2	4	3	7	6	0	8	1
8	1	0	7	6	5	9	2	3	4
9	4	6	2	5	0	1	8	7	3
7	3	8	0	1	6	4	5	9	2

Puzzle 39

7	9	8	5	1	2	4	3	0	6
6	2	3	4	0	1	9	5	7	8
5	8	7	1	2	6	3	0	9	4
3	6	9	0	4	8	2	7	5	1
9	0	4	3	5	7	8	6	1	2
8	1	2	7	6	4	0	9	3	5
2	4	0	9	7	5	6	1	8	3
1	3	5	6	8	9	7	4	2	0
4	7	1	2	3	0	5	8	6	9
0	5	6	8	9	3	1	2	4	7

Puzzle 40

7	8	2	6	5	0	3	9	1	4
3	1	9	0	4	8	6	7	2	5
4	3	7	5	2	1	9	8	0	6
8	6	0	1	9	3	7	5	4	2
6	5	1	2	0	4	8	3	9	7
9	4	3	7	8	2	1	6	5	0
1	9	8	4	7	5	0	2	6	3
0	2	5	3	6	7	4	1	8	9
5	0	6	8	3	9	2	4	7	1
2	7	4	9	1	6	5	0	3	8

Puzzle 41

7	9	4	8	1	2	0	5	6	3
3	2	0	6	5	7	1	8	4	9
0	6	5	4	8	3	9	7	2	1
1	7	9	2	3	6	5	4	8	0
8	5	2	3	0	1	6	9	7	4
9	1	6	7	4	8	3	0	5	2
4	0	3	9	7	5	8	2	1	6
6	8	1	5	2	9	4	3	0	7
2	4	8	1	9	0	7	6	3	5
5	3	7	0	6	4	2	1	9	8

Puzzle 42

3	7	2	1	8	6	5	0	9	4
9	6	5	0	4	2	8	7	3	1
5	4	7	9	3	1	6	8	2	0
0	1	8	6	2	3	4	9	5	7
4	2	0	7	5	8	3	6	1	9
1	3	9	8	6	4	7	5	0	2
6	5	1	2	7	9	0	3	4	8
8	9	4	3	0	7	2	1	6	5
7	0	6	4	1	5	9	2	8	3
2	8	3	5	9	0	1	4	7	6

Puzzle 43

2	0	4	1	9	7	8	3	5	6
8	3	5	6	7	1	2	0	9	4
3	1	7	4	6	5	0	9	2	8
9	2	8	5	0	6	7	4	3	1
1	8	0	7	2	3	4	5	6	9
5	6	9	3	4	8	1	2	0	7
0	7	1	2	3	9	6	8	4	5
4	5	6	9	8	0	3	1	7	2
7	4	3	8	5	2	9	6	1	0
6	9	2	0	1	4	5	7	8	3

Puzzle 44

3	2	6	8	9	1	0	5	4	7
0	1	7	4	5	9	3	2	6	8
7	8	5	2	6	4	9	1	0	3
4	0	3	9	1	2	8	7	5	6
5	3	9	0	4	8	7	6	1	2
2	6	8	1	7	5	4	3	9	0
9	7	1	5	8	3	6	0	2	4
6	4	0	3	2	7	1	9	8	5
8	9	2	6	3	0	5	4	7	1
1	5	4	7	0	6	2	8	3	9

Puzzle 45

0	6	5	3	1	2	7	9	8	4
7	2	4	8	9	6	5	1	3	0
6	3	8	2	4	9	0	5	7	1
9	0	1	5	7	3	6	8	4	2
4	7	9	0	5	8	1	6	2	3
8	1	3	6	2	4	9	0	5	7
5	4	7	9	0	1	3	2	6	8
3	8	2	1	6	5	4	7	0	9
2	9	6	7	3	0	8	4	1	5
1	5	0	4	8	7	2	3	9	6

Puzzle 46

7	4	6	9	5	2	1	0	8	3
3	8	1	0	2	4	9	5	7	6
1	2	9	8	0	6	5	3	4	7
5	6	3	4	7	1	2	8	9	0
9	3	5	2	6	0	8	7	1	4
0	1	8	7	4	9	3	6	5	2
4	7	0	3	8	5	6	9	2	1
6	5	2	1	9	7	0	4	3	8
2	9	7	6	3	8	4	1	0	5
8	0	4	5	1	3	7	2	6	9

Puzzle 47

6	3	0	5	1	9	8	2	7	4
7	2	9	8	4	0	3	5	6	1
8	6	1	0	2	7	5	4	3	9
4	5	3	7	9	2	6	8	1	0
0	9	4	1	3	5	7	6	8	2
2	7	5	6	8	1	4	9	0	3
5	4	8	9	0	3	1	7	2	6
3	1	7	2	6	4	9	0	5	8
9	8	2	3	5	6	0	1	4	7
1	0	6	4	7	8	2	3	9	5

Puzzle 48

9	8	6	5	2	4	3	1	7	0
4	7	0	1	3	6	2	9	8	5
2	5	9	4	1	3	7	8	0	6
8	6	3	7	0	9	1	5	4	2
3	0	7	2	8	1	5	6	9	4
5	4	1	6	9	7	0	3	2	8
6	9	5	3	4	2	8	0	1	7
0	1	2	8	7	5	6	4	3	9
7	3	4	0	6	8	9	2	5	1
1	2	8	9	5	0	4	7	6	3

Puzzle 49

0	4	1	7	5	6	8	9	3	2
9	8	2	3	6	0	5	1	4	7
3	5	9	8	7	4	2	6	0	1
2	1	6	0	4	3	7	8	9	5
6	9	7	4	1	5	0	3	2	8
8	2	0	5	3	7	6	4	1	9
4	6	5	1	0	8	9	2	7	3
7	3	8	9	2	1	4	5	6	0
1	7	4	2	8	9	3	0	5	6
5	0	3	6	9	2	1	7	8	4

Puzzle 50

9	1	6	0	7	5	3	4	2	8
3	2	8	4	5	1	9	6	7	0
6	0	5	2	1	3	4	8	9	7
7	9	4	3	8	0	6	2	5	1
1	6	2	5	9	7	8	3	0	4
4	7	3	8	0	6	2	9	1	5
5	8	9	7	3	4	1	0	6	2
2	4	0	1	6	9	5	7	8	3
8	5	7	6	4	2	0	1	3	9
0	3	1	9	2	8	7	5	4	6

Puzzle 51

3	7	0	4	5	8	1	6	2	9
1	8	2	9	6	4	3	7	5	0
6	5	1	7	4	3	2	0	9	8
2	9	8	0	3	6	7	1	4	5
9	3	5	6	8	0	4	2	7	1
7	0	4	1	2	5	9	8	6	3
5	2	7	3	9	1	0	4	8	6
0	4	6	8	1	7	5	9	3	2
8	1	9	5	7	2	6	3	0	4
4	6	3	2	0	9	8	5	1	7

Puzzle 52

1	4	0	9	8	3	6	5	2	7
3	6	7	2	5	9	4	0	1	8
8	3	5	4	2	1	7	9	6	0
0	7	6	1	9	5	2	3	8	4
5	2	3	6	7	8	9	4	0	1
9	1	4	8	0	2	3	7	5	6
2	8	1	7	3	0	5	6	4	9
4	5	9	0	6	7	8	1	3	2
6	9	8	3	1	4	0	2	7	5
7	0	2	5	4	6	1	8	9	3

Puzzle 53

9	5	2	0	8	6	4	3	1	7
6	7	4	1	3	5	0	2	8	9
1	8	3	6	9	2	7	4	5	0
0	2	7	5	4	9	8	6	3	1
4	1	0	3	7	8	9	5	6	2
8	9	5	2	6	4	1	0	7	3
7	3	6	8	0	1	2	9	4	5
2	4	1	9	5	7	3	8	0	6
5	0	9	4	1	3	6	7	2	8
3	6	8	7	2	0	5	1	9	4

Puzzle 54

0	3	1	4	5	9	2	6	7	8
2	9	7	8	6	0	1	3	4	5
7	0	5	3	2	4	8	9	1	6
1	4	6	9	8	3	5	7	0	2
6	5	3	7	0	1	4	2	8	9
8	1	9	2	4	5	6	0	3	7
3	6	8	1	9	2	7	4	5	0
5	2	4	0	7	8	9	1	6	3
9	8	0	6	1	7	3	5	2	4
4	7	2	5	3	6	0	8	9	1

Puzzle 55

2	6	9	4	8	7	5	0	3	1
7	5	0	1	3	9	2	8	4	6
9	8	4	3	6	2	0	1	7	5
0	1	2	5	7	4	8	6	9	3
1	4	7	9	0	3	6	5	2	8
8	3	6	2	5	1	7	9	0	4
3	0	8	7	9	6	1	4	5	2
4	2	5	6	1	0	3	7	8	9
6	7	3	8	4	5	9	2	1	0
5	9	1	0	2	8	4	3	6	7

Puzzle 56

7	6	1	3	8	0	4	2	9	5
9	0	4	2	5	6	7	3	8	1
4	7	6	9	3	2	1	5	0	8
1	2	5	8	0	4	3	9	6	7
6	3	2	7	9	8	5	1	4	0
5	4	8	0	1	3	6	7	2	9
8	5	3	4	2	7	9	0	1	6
0	9	7	1	6	5	2	8	3	4
3	1	0	5	4	9	8	6	7	2
2	8	9	6	7	1	0	4	5	3

Puzzle 57

9	3	8	2	1	0	6	4	5	7
7	4	5	0	6	1	9	2	8	3
2	8	3	9	7	5	4	1	0	6
6	0	1	4	5	8	3	9	7	2
0	7	6	5	9	4	8	3	2	1
8	1	4	3	2	7	0	5	6	9
3	5	9	7	0	2	1	6	4	8
1	6	2	8	4	9	5	7	3	0
5	2	0	1	3	6	7	8	9	4
4	9	7	6	8	3	2	0	1	5

Puzzle 58

3	7	4	0	8	2	5	1	9	6
9	1	2	6	5	4	0	7	8	3
5	0	3	1	7	9	8	6	2	4
2	4	9	8	6	5	1	3	7	0
0	2	1	5	4	8	6	9	3	7
7	8	6	3	9	0	4	2	5	1
4	6	5	7	2	1	3	8	0	9
1	3	8	9	0	7	2	4	6	5
6	5	7	2	1	3	9	0	4	8
8	9	0	4	3	6	7	5	1	2

Puzzle 59

8	6	4	2	5	0	3	7	1	9
0	7	1	3	9	8	4	6	5	2
3	9	2	8	1	6	7	5	4	0
7	4	6	5	0	2	1	3	9	8
9	8	5	4	6	3	0	1	2	7
2	1	3	0	7	5	8	9	6	4
1	5	0	9	8	4	6	2	7	3
4	2	7	6	3	9	5	0	8	1
6	0	8	1	2	7	9	4	3	5
5	3	9	7	4	1	2	8	0	6

Puzzle 60

3	8	1	6	9	4	2	7	0	5
7	0	5	2	4	8	3	1	6	9
1	2	6	4	8	0	7	5	9	3
0	3	7	9	5	6	4	2	1	8
8	4	3	5	1	7	9	0	2	6
9	6	2	7	0	3	5	8	4	1
6	7	0	1	3	2	8	9	5	4
4	5	9	8	2	1	6	3	7	0
5	1	4	3	7	9	0	6	8	2
2	9	8	0	6	5	1	4	3	7

Puzzle 61

3	2	7	9	5	0	1	4	6	8
8	4	1	0	6	3	9	7	2	5
2	8	3	7	1	5	6	0	4	9
6	5	9	4	0	1	7	8	3	2
5	0	4	2	7	6	8	1	9	3
1	9	8	6	3	2	0	5	7	4
0	6	2	1	9	8	4	3	5	7
7	3	5	8	4	9	2	6	0	1
4	1	0	5	2	7	3	9	8	6
9	7	6	3	8	4	5	2	1	0

Puzzle 62

5	8	3	1	2	6	9	7	0	4
9	4	6	0	7	8	2	1	3	5
3	7	5	9	8	0	1	4	6	2
0	2	1	4	6	3	7	5	9	8
7	9	0	6	4	1	5	8	2	3
8	1	2	3	5	7	0	6	4	9
2	6	7	5	0	9	4	3	8	1
1	3	4	8	9	2	6	0	5	7
4	0	8	2	1	5	3	9	7	6
6	5	9	7	3	4	8	2	1	0

Puzzle 63

7	6	1	3	8	4	2	5	0	9
2	4	9	0	5	3	1	6	7	8
5	9	2	1	6	0	8	7	4	3
8	3	4	7	0	9	5	1	2	6
6	7	8	5	3	1	0	2	9	4
9	1	0	2	4	6	7	3	8	5
3	0	6	8	7	5	4	9	1	2
1	2	5	4	9	8	3	0	6	7
4	5	7	9	1	2	6	8	3	0
0	8	3	6	2	7	9	4	5	1

Puzzle 64

8	0	5	4	3	7	6	2	9	1
2	1	9	6	7	0	3	4	5	8
6	7	8	5	4	9	2	1	3	0
1	2	0	3	9	4	5	8	6	7
3	4	7	1	2	6	9	0	8	5
9	5	6	0	8	3	1	7	2	4
5	8	3	7	1	2	4	9	0	6
0	9	4	2	6	8	7	5	1	3
4	6	1	9	0	5	8	3	7	2
7	3	2	8	5	1	0	6	4	9

Puzzle 65

6	8	1	5	7	9	4	2	0	3
9	0	3	2	4	8	6	5	1	7
4	2	9	3	1	6	5	0	7	8
7	5	0	8	6	4	3	1	2	9
5	9	8	1	0	7	2	3	4	6
2	4	7	6	3	5	0	8	9	1
8	3	4	7	2	1	9	6	5	0
0	1	6	9	5	3	7	4	8	2
1	6	5	0	9	2	8	7	3	4
3	7	2	4	8	0	1	9	6	5

Puzzle 66

6	2	4	3	5	8	7	9	0	1
0	8	1	7	9	3	5	6	2	4
9	6	7	8	2	4	0	1	3	5
5	3	0	1	4	6	2	7	9	8
7	5	3	9	6	1	8	2	4	0
1	4	8	2	0	9	3	5	6	7
3	0	9	6	7	5	1	4	8	2
4	1	2	5	8	0	6	3	7	9
8	7	5	4	3	2	9	0	1	6
2	9	6	0	1	7	4	8	5	3